AF281051

Tobias Geibies

Zwiespalt eines Unsichtbaren

Bibliografische Informationen der Deutschen
Nationalbibliothek: Die Deutsche Nationalbibliothek
verzeichnet diese Publikation in der Deutschen
Nationalbibliografie; detaillierte bibliografische Daten
sind im Internet über http://dnb.dnb.de abrufbar.
Copyright © 2024 Tobias Geibies, Groß-Zimmern
Herstellung und Verlag: BoD - Books on Demand,
Norderstedt

ISBN: 978-3-758-36476-1

Denn die Hoffnung bleibt

Manchmal

Manchmal bin ich
All der Gedanken
Und geschriebenen Worte
So überdrüssig
Dass ich glaube
Ich kann nie wieder
Einen einzigen Gedanken denken
Oder auch nur ein weiteres Wort schreiben

Und wenn ich mich dann
Nur für einen Augenblick
Zu dir denke
Dann bin ich sofort wieder voller Gedanken
Und unzähliger Worte
Die ich doch nur denken
Und aufschreiben kann

Am Strand

Wenn ich hier stehe
Im Jetzt und Hier
Und den Blick so weit es nur geht
Auf das offene Meer hinauswerfe
Das sich aufgewühlt
Bahn bricht
Zu meinen Füßen
Dann sehne ich mich
Endlos

Dann sehne ich mich so sehr
Nach einer Sehnsucht
Die dich herbeibringen könnte
Schier unvergänglich
Und für immer
Vor mir angespült
Am tosenden Wellenstrand

Dahn

Das Herz ist frei
Und schreit nicht mehr
Lauscht der Stille
Hohlem Klang

Am Gleis

Keinen Tag denken ohne dich
Atmen ohne dich
Erwachen ohne dich
Verlassen ohne dich
Schlichtweg dem puren
Reinen
Ursprünglichen Sein
Aller Gefühle Ursprung
In seiner Unerträglichkeit
Ohne dich ausgesetzt zu sein

Polarstern

Kalt ist die Nacht
Kalt das Herz
Und die Seele schreit
Und will nicht schweigen

Gib Ruhe nun
Gequältes Herz
Es ist nur Angst
Es ist nur Schmerz

Alsbald wird es enden
Vorüberziehen
Im Nichts vergehen
Ich werde sehen

Das Ende
Ist
Das Ende
Ist
Das Ende
Mancher Hoffnung

Auf dich

Schwer lastest du auf mir
Federleichte Stille
Lastest auf dem Jetzt und Hier
Und willst nicht schweigen
Obwohl aller Stimmen Klang verstummt
Und das Leben lebt den Abgesang
Auf ein Gestern
Das kein morgen kennt

Schmerz klebt jetzt in jeder Zelle
Flutet alle Räume
Meines leeren Hauses
Ausgeräumt
Wirft er seinen Mantel
Mit unnachgiebiger Kälte
Über mich
Und alle Zuversicht
Schwindet
Endet
Beendet alle Hoffnung
Auf dich

Aus

Vorm kalten Ofen sitze ich
Und suche Halt
Und suche dich

In grauer Asche
Kalt und fahl
Verblasst das Leben
Bis zur Qual

Nordsee

Ich bin frei
Hier
Wo mir die eiskalten Wellen
Jeden aufgepeitschten Gedanken entreißen
Bin ich frei
Bin ich
Ich
Und kann endlich sein
In all der Unendlichkeit

Hier spült sich der Alltag aus mir heraus
Und die Zeit findet mich nicht
Und der Wind verweht alle Gedanken
Und schleift das verhasste Gestern
Fast bis zur Zufriedenheit ab
Und alle Bedeutung verliert sich
An die Bedeutungslosigkeit

Freiheit

Selten fraß sich die Ohnmacht
Dermaßen kalt durch meine Seele
Selten war ich so sehr ohne Macht
Über das, was mich in diesen Tagen quälte
Und jede Träne ist geweint
Doch kein Trost ist je in Sicht
In dieser Dunkelheit stehen wir in der Pflicht
Und sind doch im Alleinsein vereint

Der Marionettenspieler ruft zum Tanz
Im Irrglauben seines kranken Geistes
Unter goldenen Kuppeln schändlich verschanzt
Sind freie Worte eine Gefahr, so heißt es

Wie lange noch wird die Freiheit der Völker
Von Tyrannen gequält
Wie lange noch wird die Wahrheit
Zur alles bedrohlichen Lüge verdreht
Kein Krieg
Kein Leid
Kein Tod
Kein Sieg

Wenn Bomben auf Träume fallen

Kann die Hoffnung sterben

Und unsere Stimmen verstummen

Oder lauthals für die Freiheit erschallen

Narrentage

Kappt alle Kabel dieser Tage
Der Nachbar tobt im Wahn
Wir sind getroffen ohne Frage
Gezeitenwende ohne Plan

Retrospektiv
Ein kleiner Junge
Panzer rollen vorbei
Wollte niemals glauben
Für den Frieden
Denn Krieg kann nur entzweien

An goldverzierten, großen Tischen
Sitzen alte und zu kleine Jungen
Und spielen mit zu großen Knöpfen
Lassen wir sie gewähren
Sind wir die Dummen
Denn am Ende fehlen unsere Köpfe

Jetzt brennt ein Land vor unseren Türen
Und Schulterzucken weit und breit
Diplomatie ist vor die Wand gefahren
Als Spiegel unserer eigenen Dummheit
Anbrechend dunkle Zeit

Unser Glaube an Frieden ist erschüttert
Unsere Freiheit in Gefahr
Vergesst das Gestern
Wenn Kinder sterben
Dank Putin, dem Barbar

Liebe – Verrat – Universum

Jetzt schweigt die Seele
Doch das Herz schreit laut
Und schmerzt
Und ich weiß nicht
Wohin mit all der Leere
Die bedeutungsvoll die Stille füllt
Und alle meine Wege
Führen weg von mir

Jedes Wort ist jetzt zu viel
Und gleichzeitig doch zu wenig
Ein Übermaß inmitten des Mangels
Aus fehlender Nähe
Und nahender Ferne

Und ich versuche
Dich
Aus jeder Zelle zu atmen
Endgültig
Heraus
Und dem Universum entgegen
Das sich mir kalt und zugeknöpft
Bis ans Ende aller Tage zeigt

Kastanienweg

Einsam ist der Weg
Kahl die Bäume
Jegliches Leben abgestreift
Wie alte Haut
Als könnte man die Vergangenheit los werden
Vergessen
Einfach so
Und mit ihr alles Freud und Leid

Der Kies knarzt unter meinen Schuhen
Bedächtig jeder Schritt
Irre ich umher
Schattenlos und müde
Und mein Kopf bleibt leer
Und mein Herz bleischwer

Im Fluss

Ich stehe am Horizont
Irgendwo
Im Nirgendwo
Kopf in den Wolken
Inmitten des Lebens
Gefangen und doch frei
Mit all meinen Fragen
Die mich unbeantwortet verfolgen
Und Licht und Schatten werfen sich Verheißungsvoll
Auf meine Wege

Rätselhaft bleibt dieses Sein
Für den, der fragt
Dieser eine einzige Versuch
Bedeutungsvoll in aller Bedeutungslosigkeit
Zu sein
Zu scheinen
Bevor das Vergessen zugreift
Mit all seiner Gefräßigkeit
Und Ende zu Anfang wird
Und Anfang zu Ende

Das ganze Leben
Gefangen in diesem einen Augenblick
Geschenkte Zeit alles auszusprechen
Mich anzuschweigen
Oder dem Ende entgegen zu schreien
Es möge aufhören
Mir nach dem Leben zu trachten

Zum Glück bist du jetzt hier
Im Hier
Machst mich in all meiner Bedeutungslosigkeit
Bedeutsam
Und lehrst mich zu glauben
Ich könnte endlich verwurzeln
Ruhe finden
Und in all meiner Rastlosigkeit
Heimat
Und Sinn

Am Ende des Tages

Still liegt das Land
Ich streife mein gehetztes Dasein ab
Von mir
Und aus mir
Entweicht aller Kampf
Und Leben hält Einzug in jeden Atemzug
Jeder Zelle
Und Sehnsucht flutet alle Räume

Einmal nur
Will ich heute
Von mir lassen
Mir nicht das Hirn zermartern
Nach dem Morgen
Und dem Sinn
Und all den anderen offenen Fragen
Auf die mir jegliche Antwort fehlt
Und auf die das Universum
Stets schweigsam bleibt

Doch wohin dann mit all der Lebenslust
Nach heute und morgen
Zu erkunden
Was alles sein kann
Und doch nicht muss
All die kindliche Neugier
Die unermüdlich nicht verzagend
Nach vorne schreitet
Egal wie dunkel die Zukunft auch erscheinen mag
Wild schreiend
Hier bin ich

So lebt sich alles Leben in mich hinein
Lebt sich auf
Lebt sich aus
Still liegt dann das Land
Vielleicht
Und am Ende des Tages
Die Stille nach dem letzten Ton
Bevor alles Leben neu erwacht

Raum und Zeit

Ich falle aus Raum und Zeit
Hinaus in die Draußenwelt
Ans Ende der Wirklichkeit
Und wieder hinein
Ich bin
Ich war
Ich werde sein

Was ist real
Und was Realität
Die Gegenwart als Spiegelbild
Unserer Wunschvorstellung
Unserer Ängste
Der Kompromiss aller verleugneten Träume
Materialisierte Zukunft

Was bleibt von all dem übrig
Wenn morgen morgen heute ist
Und mich zeitlebens die Frage nach dem Sinn
Sucht und findet
Mich nicht ruhen lässt
Und meine einzige Chance
Als bedeutungsloser Staub die Erde füllt

Was dann
Nichts
Kein Zweifel
Keine Verzweiflung
Alle Vergänglichkeit leugnend
Bis auf den Grund jeglicher Vernunft

Falsches Leben

Dunkel grollt der Himmel
Als ich mich nähere
Meinem Schicksal folgend
Zum Ort meiner Geburt
Zorn im Gepäck
Und Angst
Zu leben
Und Leben zu lassen

Durstig bin ich
Und müde
Und ohne Antwort
Auf des Lebens Kante
Genäht
Mit leerem Kopf
Und der Schlag meines Herzens
Hallt wider in meiner zugeschnürten Kehle
Stumpf
Millionenfach

Da bin ich also
Und bin fast nicht
Fast nichts mehr
Betrachte die eingeworfenen Scheiben
Meines Lebens
Fühle die Narben
Spüre den Schmerz
Und frage mich
Wie die Zeit vergehen konnte
Und mit ihr meine Tage

Diese Stille wirkt bedrohlich
Bedroht mich
In meiner Existenz
Versperrt mir den Weg zurück
Nach vorn
Nach irgendwo
Ins Leben hinaus

Ein Apparat zeichnet das Leben
Leben
Auf Kante genäht

Auf Sicht

Die Welt hat alles Lachen verschluckt
Still und müde
Wirkt das Heute
Millionen Blicke streifen einander
In Ignoranz
Der Nächste ohne Wert
Regiert das Ich
Kein Weg zurück

Ich bin des Überflusses überdrüssig
Taschen voll
Doch Herzen leer
Stromlinienförmige Gleichgültigkeit

Wie viel Abgrund verträgt das Leben
Oh, du gequälte Seele
Keine Rettung in Sicht
Und nur die Hoffnung auf morgen
Bleibt
Und will nicht sterben

Im Schein dieser Scheinwelt suche ich
Das Paradies
Den Ruhepol im Rausch der Zeit
Bedingungslose Stille inmitten des Lärms
Um nur ein einziges Mal
Auf Sicht zu leben
Mit ausreichend Ignoranz für jegliches Ende
Entschleunigt

Was bleibt
Wenn nichts von Dauer scheint
Und Neonlichter gefräßig
Unsere Leben regieren
Und wir die Inhaltslosigkeit
Mit noch mehr Leere aufzufüllen versuchen
Bis die Träume unserer Kindheit
Endgültig fahl und blass verloren sind

Nichts bleibt
Nur Verzweiflung

Zuversicht

Das Leben wirft müde Schatten in die Gesichter
Um mich herum
Stille
Kein Lachen
Veratmete Zukunft

Lebenszeiten überschneiden sich
Resignieren
Das Heute verschenkt
Verblasst
Ein Abtransport der Sehnsucht

Ich bin mittendrin
Spiegel mich in tausend Augen
Spiegel und verliere mich
Und das Leben aus dem Blick
Und das Morgen an das Heute
Und das Heute an das Gestern
Und das Gestern an meine Erinnerung
Und bleibe müde zurück

Was machen wir aus den wenigen Tagen
Die uns bleiben
Und was machen die wenigen Tage mit uns
Und unserer Sehnsucht
Und alle Träume verlieren sich
In all den müden Augen
Um mich herum
Ich mittendrin
Und kann nicht anders

Kein Blick zurück
Der gestrige Schmerz führt mich hinaus
Ins Leben und morgige Glücksmomente
Und all die Bücher füllende Leere
Verliert sich endgültig
Ans Universum

Schablonen

Ich stehe mir im Wege
Mein Verstand wirft Schablonen auf das Heute
Sucht Muster
Suchtmuster
Im Universum der Möglichkeiten
Wird die fehlende Antwort von Angst begleitet
Dominiert
Bis die Frage unklar und vergessen ist
Und nur noch Angst verbleibt

Dieses eine Leben nur
Diesen einen Augenblick Vergänglichkeit
Will ich leben
Mich verirren
In diesem Labyrinth
Aus unendlichem Raum
Und meiner wenigen Zeit
Mir meiner eigenen Begrenzung bewusst
Nicht am Morgen verzweifeln
Und dem Gestern nicht nachtrauern

Denn noch stehe ich auf der Seite des Lebens
Das Ende folgt mir
Mich langsam einholend
Schleicht es mir nach
Kopf in den Wolken
Geerdet
Nicht beerdigt

All das Ende
Das bereits in mir steckt
An mich geheftetes Gestern
Aus Glück und Traurigkeit
Möchte ich einmal nur unbewertet zurücklassen
Mein verblassendes Selbst von einst
Nicht hervorkramen
Vom Dachboden der Vergangenheit
Und nur nach vorne schauen
Herz rasend schnell
Und Kopf in den Wolken
Einmal nur noch
Mir selbst nicht im Wege stehen
Und alle Schablonen niedertrampeln
Ein letztes Mal

Zweifelhaft

Es ist dunkel
Gott hat das Licht ausgeschaltet
Verleugnet sich
Bis zur Ungläubigkeit

Qualmende Schornsteine am Straßenrand
Versprechen Wärme
Geborgenheit
Doch die Herzen im Inneren
Sind kalt

Was ist von Bedeutung
Was noch von Wert
Wohin mit der Hoffnung
Glauben zu können
Glauben zu finden
In zunehmender Leere
Lebenszeit auf Probe
Einseitig verrinnend

Alle Sinne eingeschaltet
Auf Empfang gestellt
Die letzte Freiheit erwartend
Abseits der Menge
Doch mittendrin
Präsenzlose Präsenz
Meine Verzweiflung greift Raum
Ich werde nicht brechen

Wie lange noch kann ich suchen
Nach etwas
Das nicht vorhanden zu sein scheint
Oder ist Gott nur abhandengekommen
Weitergezogen durch das Universum
Auf der Suche nach neuem Licht
Unverbrauchter Dunkelheit
Sein gescheitertes Experiment
Zurücklassend

Die Lager sind geteilt
Und Vernunft ist nicht in Sicht
In sich
Struktureller Hass
Und Tod
Bis ans Ende meiner Tage

Halb

Ich fühle mich halb
Die Nacht
Durchzogen von Kälte
Alles schockfrostend
Gedanken
Atem
Zeit
Ein zwiespältiges Farbenspiel
Aus Schnee und Finsternis

Wohin mit all der Klarheit
Ein Leben lang der Endlichkeit
Gewissenhaft zu Diensten
Sein
Dasein
Jeden Atemzug veratmend
Bitterkeit am Rande des Universums
Auf dem Weg aus dem Nichts
Ins Nichts

Zum Verzweifeln bleibt keine Zeit
Alles dreht sich
Und Kälte durchzieht diese Nacht
In der Schneeflocken durcheinandertaumelnd
Auf mich niederfallen und schmelzen
Wohin nur mit meiner Hoffnung
Auf morgen
Am Ende wird immer Anfang bleiben

Ich fühle mich halb
Halb tot
Halb gelebt
Halb verlebt
Halb
Am Leben

Lichtjahre

Lichtjahre von damals entfernt
Liegt das Heute
Strahlt zuversichtlich
Dem Ende des Atomzeitalters entgegen
Und stellt sich mir forsch in den Weg
Stumm schreiend

Wohin mit all der Zeit
Das Leben ein Zeitrausch
Zwischen Geburt und Tod
Ich
Nicht mehr als Zeitrauschen
Ein weiterer Versuch
Der Evolution
Doch auch nicht weniger

Wir sind
Was wir sind
Werden uns messen
Gemessen und in Erinnerung bleiben
Oder verblassen

Eine Vielzahl verstrichener Augenblicke
Oder eine einzige Tat
Die bleibt
Erinnerung an Vergangenheit
Und zu Staub gewordenem Dasein

Heute kann ich nicht hadern
All meiner Vergänglichkeit zum Trotz
Alle Zweifel sind fortgeschickt
Verschickt
Zum Verzweifeln der Verzweiflung
Stehe ich hier
Entwurzelt
Entzweifelt

Für diesen Moment bin ich
Endlich
Mir genug
Ohne mich verloren zu haben
Ich selbst
Und eure Arme um mich
Ist immer noch genügend Anfang übrig

Gedankenlos

Ich habe mein Lachen verloren
Irgendwo zwischen den Kissen liegt es heute
Müde und erschöpft
Ist es
Bin ich
Oder ist alles Sein nur Schein
Auf unserem endlosen Flug durch die Dunkelheit
Auf der immer gleichen Umlaufbahn

Ich starre die Sterne an
Und eine kalte, klare Nacht starrt zurück
Ist da Leben
Irgendwo
Da draußen
Irgendwo
In mir
Diesem fremden Planeten

Wo ist der Sinn von alldem
Nachdem ich täglich suche
Und finde
Was mich alltäglich findet
Ohne zu suchen

Ich habe mein Lachen verloren
Heute liegt es müde zwischen den Kissen
Und nur durch dich
Habe ich Zukunft gewonnen
Und manchmal sogar Zuversicht

Zerstörung und Auferstehung

Ich kam nie an
Seitdem ich fortging
Vom Ort meiner Geburt
Um den Schmerz zu vergessen
Und alles Leid
Kehrte millionenfach zu mir zurück

Das Unglück suchte so oft nach mir
Und ich ließ zu
Dass es mich finden konnte
Um mich am Kragen ziehend
Gegen die Wand zu schleudern
Bis ich wie eine leblose Hülle wirkte

Leicht war es nicht
Am Leben zu bleiben
Mit all dem Schmerz
Und der Todessehnsucht
Und dem Hass auf alle
Die mich zu brechen versuchten
Und daran nicht zu zerbrechen

Ich fand nie mehr zurück
An den Ort
Der einst Heimat war
Du rastloses Herz
Ruhelos sehnst du dich
Nach der endgültigen Ankunft dort
Wo du verwurzeln kannst
Mit Körper und Geist
Ohne zu verzweifeln an den Zweifeln

Wer bin ich schon
Am Ende des Tages
Ein müder Suchender nach dem Sinn
Allen Seins
Einer Antwort auf die Frage
Wer ich bin
Warum ich bin
Warum wir sind
Was wir sind
In einem Universum unendlicher Größe
Aus Zerstörung und Auferstehung

Liebe

Ich bin nicht der Anfang
Nicht das Ende
Irgendwo dazwischen
Liegt all das Hier und Sein
Und Schein und Nichts
Von alldem scheint wahr

Müde bin ich
Meine Augen schwer
Und mein Körper ächzt unter meiner Last
Unter meinem Willen
Mich anzutreiben
Bis auch der letzte kümmerliche Rest von mir
Verbraucht ist

Und wofür all das
Für die immer selben Fragen
Nach dem Sinn und Sein
Und mein Ich mittendrin
Und Schein und sonst nichts

Heute ist alles anders als gestern noch
Du wärmst die Kälte
Die das Leben in mir hinterlassen hat
Ermüdest mich noch mehr
Machst meine Augen schwerer
Doch alles andere federleicht

Alles Hier und Sein
Und Schein und Nichts wird bedeutungslos
Wenn ein einziges Lachen reicht
Die Stille zu zerreißen
Und alle Trauer
Alte Trauer
Mit sich nimmt
Bevor dieser Augenblick für immer verloren ist

Verzweiflung

Ich zweifle nicht
Weder an dir
Noch an mir
Noch am Sein
Denn ich bin ja

Was soll auch all das Zweifeln
Es hält nur fest
Hält auf
Auf dem Weg zum Ziel
Sich dem Ende zu nähern

Doch was geschieht
Wenn ich dem Ende nah
Nicht nah sein möchte
Und du mir fehlst

Oder du vor mir stehst
Und flehst
Dass nicht sein soll
Was unvermeidlich scheint
Was dann
Verzweiflung

Ach

Was sollen diese dunklen Gedanken

Wenn die Zukunft

Hell zu sein scheint

Und all der Schein

Das Sein zu überstrahlen vermag

Und die Zweifel

Verzweifeln

Sturmfrei

Die Welle bricht
Tosend und mit einem Knall
Rauscht hernieder
Auf den Strand
Die Zeit
Den Raum
Und alles Leben scheint ehrfürchtig
Erstarrt

Es ist kalt hier
An des Lebens
Lebenskante
Neblig
Und verheißungsvoll
Und das Meer entreißt dich
Stück für Stück
Wirst du in der Fremde leben

Meiner Sehnsucht entsprungen
Ist dieser Ort
Der meine Seele hält
Reinigt
Heilt
Hier lebe ich
Als das
Was ich bin
Und niemand fragt
Und nur das Meer schleift
Und der Wind
Pfeift

Ich werfe mich zurück in deine Arme
Bevor mich der Sand endgültig verschluckt
Das Meer mich verschlingt
Oder die Tatsache
Dich zu verlassen
Mich trauern lässt

Endlich hier
Endlich dort
Zuhause
Sturmfrei

An manchen Tagen

An manchen Tagen stellt sich mir
Das Leben einfach in den Weg
Ungefragt und unverschämt
Bleibt es stumm
Und hält keine Antworten
Auf die drängendsten Fragen
Parat

Jeden Menschen würde man fragen
Was bezweckst du damit
Ihn
Den Frager so zu plagen
Läufst hinterher
Und vorneweg
Schritt um Schritt

Doch sei es drum
Denn so viel Leben ist schon durch mich durch
Das ich fast aufpassen muss
Vom Hier und Jetzt nichts zu verpassen
Stumm Stunden zu verprassen
In der Gefahr
Das Ende nicht recht kommen zu sehen

Was für ein Unsinn
Hör ich dich schon rufen
Der Statistik nach bleibt so viel Zeit
Und ich bleibe
Ebenfalls
Doch nur ein Statist
Auf des Lebens Stufen

Über Sinn und Zweck dieser Worte
Lässt sich vortrefflich streiten
Entgleiten
In unendliche Weiten
Welch Unsinn wohl
Wenn hier doch alles ist
Was ich bin

Dieser Morgen

Die Welt ist gefroren
Ein grauer Himmel umspannt diesen Morgen
Fällt nieder auf Dächer
Und kalter Rauch zieht seitwärts
Aufwärts
Das Grau mit grau zu füllen

Ich fühle mich kalt an und einsam
Den Mantel tief ins Gesicht gezogen
Vergrabe ich mich
Vor der Welt
Und die Welt nimmt keine Kenntnis
Von meiner Unsichtbarkeit

Der Weg vor mir
Von ersten Spuren gezeichnet
Lebt trotzig sein Eigenleben in Stille
Und die stumme Menschentraube
Hält schweigend Ausschau
Nebelschwaden aussendend

Dieser Morgen wirkt zerbrechlich
Wie mein Herz
Das zerspringen und nicht springen will
Denn du bist nicht hier
Und hier bin nur ich
Allein

Was bleibt
Als die Sonne das Grau ergraut
Ist die Gewissheit
Dass du zum Glück nur fortgegangen bist
Um wiederzukommen

Der Weg

Es ist Jahre her
Da fragte ich mich
Wie weit ist dieser Weg
Und wie weit muss ich ihn noch weitergehen

Die Jahre vergingen
Und ich lebte
Und ich haderte
Mit mir
Mit der Welt
Und jedem einzelnen Schritt

Jetzt bist du da
Und ich lebe
Und ich hadere
Weiter
Mit mir
Doch nicht mit dir

Und plötzlich ist da diese Angst
Ich könnte diesen einen Weg
Bereits zu weit gelaufen sein
Und der Rest wäre kürzer
Als mein Spiegelbild
Mich glauben machen möchte

Doch ich bin dankbar für dich
Für jeden Tag
Jedes Lachen und jede Träne
Denn ich lebe
Mit dir
Durch dich
Bin ich unsterblich
Egal wie weit der Weg noch ist
Egal

Nicht nichts

Das Hier ist jetzt
Und nicht das Ende
Nicht im Sinne
Von
Tiefschwarz
Aus
Und Staub

Es ist nur Schmerz
Der heute quält
Und uns heute Abend fragen lässt
Was vom Tage übrig bleibt
Wenn wir glauben
Es bleibt nichts
Doch es bleibt seit jeher
Bleibendes

Denn was bliebe denn
Wenn nichts mehr bliebe
Vom Nichts übrig

.

Lass uns also gestern traurig sein
Wenn morgen heute ist
Und der Kopf wieder ein Stück höher hängt
Und der Blick klarer
Und unsere Schritte fest
Nach vorn gerichtet

Wir werden uns fehlen
Das steht fest
Und mehr ist auch nicht notwendig
Doch auch nicht weniger

Ein Nachruf

Ich habe mich verloren
Irgendwo auf dem Weg hierher
Ist auf der Strecke geblieben
Was mich ausmachte
Oder auch nur meine Hülle füllte
Mit Inhalt
Und Leben

Wenn ich heute in mich fühle
Finde ich Stille
Und sinnentleert
Folgt mein Rest dem Tag
Ihm zu überlassen
Was auch immer er mir antun mag

Kann es sein
Das alles Sein
Nicht mehr zu sein scheint
Als bloßer Schein

Wo ist bloß dieser Kerl geblieben
Der von Selbstzweifeln
Und Rastlosigkeit geplagt
Voranschreitet
Das zu finden
Was es wirklich ausmacht
Auf Erden zu wandeln
Um nicht einfach nur abzuwarten
Auf den Abruf
Vor dem Nachruf

Eine Weile will ich trotzdem noch bleiben
Verweilen
Doch nur weil ich nicht glauben kann
Dass alles, was jetzt ist
So ist
Wie es sein sollte

Wort

Am Anfang war das Wort
Aber war es das wirklich
Wo doch schier endlos lang
Sein Echo nachklingt
Und mich
Die mit ihm ausgeatmete Luft
Durch diese kalte Nacht hindurch
Mit Wärme streift

Und einmal mehr
Erscheint mir meine Hülle unpassend
Viel zu mächtig
Für die gefühlte Größe
In der ich mich klein
Und unbedeutend fühle

Wie kann nur sein
Dass ich nicht sein kann
Nicht bin
Und nur nach außen scheine
Was die Vergangenheit
Aus mir gemacht hat
In mich gekehrt
Bin ich der Stille Grund

Doch wenn die Stille verebbt
Tobt erbost der Sturm
Schlägt alles kurz und klein
Und zerstört den Frieden
Den dein Wort mir schenkte
Samt aller Wärme

Lachen

Wo habe ich mein Lachen nur verloren
Irgendwer
Scheint heute Nacht
Klammheimlich
Hier gewesen zu sein
Und hat es eingepackt
Mitgenommen
Um es der Stille zu opfern
Die hoffentlich nur zu Versuchszwecken
In mir wohnt

Da stehe ich vorm Spiegel
Und die Falten um meine Augen
Sind tiefer als sonst
Wie eingebrannt
In das noch immer schmale
Jugendliche Gesicht
Wie ich mir
Mit nicht müde werdender Ausdauer
Einrede

Wie war das noch
Als ich
Letztens
Alles neu empfand
Und doch
Nicht mehr jung an Tagen war

Heute bin ich müder als sonst
Doch sonst ist nichts
Außer dieser Müdigkeit eben
Wie schon gesagt
Von der bin ich heute echt geplagt

Lustig ist das aber nicht
So ohne Lachen aufzustehen
Mit Unmengen an Fragen im Kopf
Und keine Antworten mehr übrig zu haben
Bleibt wohl nur rauszugehen
Und einfach bis zum Ende zu laufen
Und dort in irgendeinem Laden
Ein neues Lachen mir zu kaufen

Manchmal

Manchmal
Wenn das alles hier
Bis zum Himmel schreit
Und ich die Stille in mir
Kaum noch ertragen kann
Sehne ich mich in dich hinein
So tief
Dass ich fast nicht mehr
Hinausfinde

Dann lache ich mich
So lange aus deinen Augen an
Bis ich
Von Anstrengung und Muskelkater geplagt
Innehalten muss
Im Zwang
Nicht der Traurigkeit zu verfallen

Du jedoch
Stellst dich mir und meinen Auswüchsen
Breitbeinig in den Weg
Wegelagernd
Und lustigerweise
Von gleich intensiver Trauer
In die Knie gezwungen

So retten wir uns
Mit uns selbst
Zählen die Tage abwärts hinauf
Und zähmen die wichtigen Stunden des Tages
Mit einem Augenaufschlag
Bevor das alles hier
Im Schlaf versinkt

Himmelwärts

Was sind wir
Wenn wir nicht mehr sind
Der Erde gleich
Und stumm und blind
Der Stille Klang
Als Wille dienen
Räume füllend
Ohne Dank

Dann des Nachts
Das Sternenlicht
Sich kalt und klar
Im Nebel bricht
Wie wir uns einst den Kopf zerbrachen
Den Sinn zu finden
Doch versagten

Das große Ganze zu verstehen
Ist Kunst und schwere Last zugleich
Doch muss es gehen
Denn welchen Zweck soll sonst das Hier
Und dieses Dasein nur erfüllen
Wenn es sich keinem offenbart
Der daran glaubt
Und nicht dran spart

Es bleibt noch Zeit voranzuschreiten
Tief einzuatmen
Und die Weite
Zu erahnen
Die vor uns liegt
So weit es geht
Trägt mich mein Herz
Auf Schwingen der Sehnsucht
Himmelwärts

Bilderrätsel

Es ist nicht so
Dass ich mir nach dem Leben trachten würde
Aber manchmal ist es so dunkel hier
Und still
Das meines Herzens Schlag
Mir das Leben gewaltig einverleibt
Zwangsverpflanzt und ungefragt

Doch dann fühle ich dich neben mir
Wie du mich einatmest
Kubikmeter allen Seins
Inhalierst und
Unreflektiert
Erliege ich dir
Eins werdend
Mit dem
Was wir sind

Kehre ich aus dir
Zurück
Und hinein in diese Nacht
Bin ich weniger ich
Als du
Doch mehr
Als ich vorher war
Ich

Nichts wirkt in diesen Augenblicken schwächend
Als dass es nicht zur Stärke neigt
Und mein Wille zu leben
Lose mit dem Horizont
Verschmilzt
Eingetaucht in den heraufziehenden Morgen
Dem wir uns
Der Nacht nachtrauernd
Erwartungsvoll in die Arme werfen

Zwiespalt

Wie gerne wäre ich
Wasser
Auf die Mühlen der Zeit
Innehaltend
Was nicht aufzuhalten ist
Oder davonrasend
Stürmend
Allem Ende entgegen

Wie sehr hat sich verändert
Was bleibend sein sollte
Und nicht vergänglich
Schreit mein Herz
Was anders sein sollte
Ist allem Anschein nach
Gleich

Das Leben hat mich längst beackert
Durchpflügt
Mit tiefen Furchen mich durchzogen
Und Müdigkeit
Die sich der Furcht
So recht nicht ganz ergeben mag
Wartet auf den neuen Tag

Warum klagst du
Liebe Seele
Schon seit Jahren
Leg' dich schlafen
Ich will hier wachen
An deiner statt
Diesen Augenblick nur
Nicht verzagend

Wie gerne wäre ich
Wasser
Für eine Handvoll Augenblicke
Würde ich die Zeit
Die sich mir so in die Arme wirft
Wohl untertauchen

Zweifel

Ich dachte
Nicht glauben zu müssen
Denn ich wusste
Alles und nichts
Zu dieser Zeit
Fiel ich hin
Und stand nicht mehr auf

Denn ich war müde
Bis auf die Knochen
Geschwächt und leer
Durchzog mich alles
Ohne einen Gedanken zu hinterlassen
An das
Was es mir brächte ihm zu folgen

Bin das noch ich
Diese Hülle ohne Leben
Und Verstand
Und kann ich selbst jemals sein
Und nicht zu scheinen
Mit all meiner Liebe und Wut
Auf was auch immer

Da ich der Welt jetzt diene
Als Fressen
Bin ich ausgehungert
Nach mir selbst
Doch vertrocknet
Liege ich ihr im Rachen
Unnütz
Und schal im Geschmack

Ist dieser Weg
Zum Ende hin
Geführt
Oder schon das Ende
Selbst
Zweifel
Ich an dem
Was er zu sagen scheint
Denn ich lebe noch

Nicht heute

Ich bin leer
Ausgeheult
Wie man so sagt
Leer von allem
Frei vom Sein

Einst war ich stark
Ein Bär
Wie man so sagt
Kein Kampf aussichtslos
Auf ein verlustreiches Ende

Einst war ich blind
Ein Huhn
Wie man so sagt
Sprang breitbeinig ins kalte Wasser
Und erfror doch nicht

Einst war ich arm
Ein Tropf
Wie man so sagt
Doch reich
An Hoffnung und Zuversicht
Für jedermanns Zukunft

Einst ist nicht heute
Und ich sehe müde aus
Wie man mir sagt
Doch einst war schön
Und vielleicht morgen

Licht

Ich bin in schlechter Verfassung
Weinend schlage ich mir das Leben
Aus dem Kopf
Ohrfeige die Zeit
Auf das sie ihr Interesse an mir
Verliere

Was bleibt vom Tag
Wenn das Licht
Sein Seelenheil hinterm Horizont längst sucht
Und tränenschwer
Der Nacht Licht und Glanz verblasst
Und alles, was ist
Nur noch war
Unwiderruflich

Einst war ich nicht satt vom Leben
Spazierte hungrig durch die Welt
Und fand als Zeitvertreib
Die Dunkelheit zum Spiel
Die mich sich einverleibt
Am langen Arm verhungern lässt

Jahre später hat mich verlassen
Was mich lachend machte
Und die Erkenntnis fand Erleuchtung
Einen Weg aus mir herauszusuchen
Auf das ich wieder unschuldig wäre
Und rein

Ich bin in keiner guten Verfassung
Tränenleer
Schlägt das Leben auf mich ein
Mich zu finden
Licht zu sein

Antiheld

Da stehe ich
Von der Nacht verschlungen
Vom Antlitz der Erde fast getilgt
Einst ein König
In meinem eigenen Land
Bin ich als Antiheld nicht mehr
Als ein Narr

Ich brach mit den Dieben
Begehrte meinen Thron
Ohne Anspruch
Und glaubte zu glauben
Ich sei ich

Du leergelebtes Wesen
Der Schmerz verzweigt sich
In mir
Und mit ihm
Mein Sein
Im Gefolge
Der Zeit

Längst bin ich verkommen
Ein Nichts im Atem der Geschichte
Die mir die Möglichkeit gab
Etwas zu sein
Was ich war
Und nicht mehr wiederfinde

Nun
Da sich die Stille um den Sturm legt
Bin ich nicht mehr
Als ein Narr
Der nie wieder
König sein wird

Emanation

Der Knoten ist geplatzt
Da liege ich
Hinausgeschleudert
Aus meiner Mutters Dunkelheit
In ein Licht
Mit dem ich nichts anzufangen weiß

Mit Luft in meinen Lungen
Eingeatmet
Was Millionen Münder längst schon ausgespien
Als Produkt des Lebensprozesses
Verstehe ich mich
Nicht
Verstehst du mich

Und doch warst du mir Heimat
Viel mehr
Als dieses eine Wort
Das ich mir herausprügle aus dem Leib
Hinein ins Leben gebäre
Um meinem eigenen Ende
Näher zu kommen

Dieses eine Sein
Heißt müssen
Auch wenn ich nicht mehr kann
Des Todes müde
Und des Lebens auch
Hadere ich der Sache nach
Damit die Schuld nicht wächst

Da kann ich sehen
Und bin doch blind

Bedingungslos

Bedingungslos
Hält die Stille heute jeden Ton
Mit beängstigender Klarheit
Schließt sie mich ein
Im ausbalancierten Kerker
Ihrer Güte
Schickt mir die Einsamkeit zum Spiel

Ich bin zu müde
Mich ihrer Umarmung zu entziehen
Zu erwehren
Körper schreit
Herz leer
Schon tausendmal gefühlt
Mein Ich im Ich
Stirbt
Seelentod

Wie oft kann ich noch ertragen
Dass du dich an mich schmiegst
Leichtfüßig
Mir den bleischweren Mantel
Auf zu schmale Schultern legst
Und rufst
Wo ich längst sein wollte
Doch ich bin noch

In dieser Kälte
Erfriert jede Zelle
Meines Seins
Bedingt sich bedingungslos
Spricht des Morgens Notwendigkeit ab
Und reißt mich mit sich
Fort
Hinaus
In die Großzügigkeit der Freiheit

Seltsames Mädchen

Seltsam
Wie du dich mir unsichtbar
An den Hals wirfst
Unter meine Haut eintauchst
Um mich
Nur für den Augenblick
In Sicherheit zu wiegen

Seltsam
Wie ich an dich denke
Unsinnigerweise über dein Gesamtkonzept sinniere
Und die Hitze
Die du schweißnass
An meine Fensterscheiben schleuderst
Zeichnet Bilderrätsel nach
Und auf einmal
Begehre ich dich doppelt

Seltsam
Wie du über mein Alter sprichst
Doch deine Arme um mich schlingst
Als gäbe es keine Zukunft
Kein morgen
Kein davor
Danach
Dazwischen bin nur ich
Als Gefangener deiner Freiheit

Seltsam
Wie du mir deinen Körper öffnest
Und deinen Geist
Beides an mich presst
Mit Präzision
Und kilometerweiter Sicherheit
Legst du Linien
Aus lodernder Glut

Wahrheit

Wir waren noch nicht viel
Noch nicht genug
Doch viel mehr
Von all dem
Was in unseren Leben zu wenig war
War mehr

Dieser Teil unserer Leben
Der uns umklammerte
Als wäre alles nichts
Und nichts alles
Ließ uns wissen
Nicht alles war
Wahr

Schlaftrunken in sternenklarer Nacht
Erwacht
Benebelt
Doch den Blick frei
Für das
Was unscheinbar verborgen
Der Sicht entzogen
In greifbarer Ferne
Ruht

Waren oder sind wir
Gewesene Wesen
Von Innigkeit gezeichnete Spuren
Auf meiner Haut
Augenblicklich
Erblickt mein Auge Licht
Und all das
Was war
Ist wahr

Schiffbruch

Wort
Da stehst du nun
Alleingelassen
Hoffend
Auf dass mehr geschieht
Und sinnerfüllt
Gedankenströme sich ergießen

Wärst du Wärme
Würde ich frieren wollen
Kälte ein- und Wolkenstürme ausatmend
In Nächten
Die viel zu einsam sind

Und wohin nun
Mit dem, wovon ich zu viel bekomme
Oder zu wenig
Kleben bleibt
An mir
Von all dem Unausgesprochenen
Unausweichlichen
Das mir das Herz
Beschwert

Ich sehe dich vor mir
Wie Sterne klar
Abzeichnend
Nachvollziehbar
Verliert sich das Jetzt im Hier
Und bereitwillig
Erleidet alles was ich bin
Schiffbruch

Und wofür?

Und wofür all das
Kämpfen
Suchen
Sehnen
Nach dem Morgen danach
Davor
Und seiner Zukunft

Ich wollte nicht sein
Also war ich
Blieb gelassen stehen
Sehend
Mich blind fühlend
Für den Rausch des Augenblickes
Berauscht

Und jetzt
Wofür all das
Suchen
Sehnen
Warten
Auf dich
Mich
Uns
Etwas verbindet

Vielmehr wünschte ich dich hier
Verwunschen
Allein
Doch
Kämpfend
Suchend
Sehnend

Wenn ich

Wenn ich an dich denke
Denke ich
Ich

Wenn ich an dich denke
Denke ich
Du

Wenn ich an dich denke
Denke ich
Wirklich

Wenn ich an dich denke
Denke ich
An Schneeflocken

Wenn ich an dich denke
Denke ich
Kreuz und quer

Wenn ich an dich denke
Denke ich

Fragen

Wie wenig Ich
Reicht zum hier bleiben
Hier sein
Sein
Und wie viel braucht es mindestens

Traurigkeit ist ein treuer Begleiter
Im Hier und Jetzt
Glänzt sie in der Sonne
Brennt Wunden in mich
Tief hinein
Und hört nicht auf
Obwohl ich längst am Boden liege

Und wie viel ich
Bleibt im Nichts
Wenn das Hier und Jetzt
Dort und war ist
Und was bleibt dann noch hier
Und jetzt
Von mir

Schaufel ruhig weiter
Halte nur genügend Erde für mich bereit
Doch sei genügsam
Ich verspäte mich

Ruhelos

Rastlose Nacht
Da liegst du mir nun ruhelos zu Füßen
Erstreckst dich soweit mein Auge reicht
Und wirfst deinen Mantel über mich
Und dich mir an den Hals
Als gebe es keinen Morgen
Für niemanden von uns

Was treibt mich an
In diesen Stunden
In denen ich dir fern bin
Doch du mir schier unerträglich nah
Den Tag ersehnend
Der mir die Stille aus dem Herz entreißt
Hinaus
In den Morgen hinein
Alles mit sich nehmend
Fortspülend
Doch die Sehnsucht in mir verstummt nie

Was ist es nur
Das mich nicht ruhen lässt
Mir die Worte aus den Händen reißt
Mich dir entreißt
Dich mir entreißt
Doch nicht entzweit

Nicht mehr als das
Was bleibt
Ist hier
Und nicht weniger
Ist geblieben
Als das
Hier

Der Seelentiefe Grund

Welt
Da erstreckst du dich nun
Soweit meine Augen reichen
Und kalter Wind bläst mir entgegen
Ich drehe mich um
Doch die Kälte bleibt

In mathematisch perfekter Form
Fallen Schneeflocken chaotisch vom Himmel
Und Stille umfängt mich
Als Gefangenen eines Wintermärchens
Dessen Zerbrechlichkeit verstörend wirkt
Was mich antreibt
Bringt mich dem Ende nur näher
Unaufhaltsam schnell

Was war, ist vergangen
Und nur das Jetzt ist für den Augenblick klarer
Als das verschwommene Niemandsland
Aus dem es kam
Oder in das es verschwindet
In sich gekehrte Stille

Zerschmolzene Kristallstrukturen
Auf warmen Lippen
Verloren
Für den Augenblick
Gewinne ich an Zuversicht
Dass Ende auch immer Anfang bedeutet
Und Anfang auch immer Ende

Welt
Da erstreckst du dich nun
Soweit meine Augen reichen
Und kalter Wind bläst mir in den Rücken
Ich drehe mich um
Den Sturm erwartend

Erfurt

Es ist dunkel hier
Und einsam
Und kalt
Und nur die Beklemmung meiner Seele
Lässt mich erahnen
Das Leben oft nur Leiden heißt

Es ist dunkel hier
An diesem Blumenmeer aus Worten und Tränen
Und quälende Fragen durchbohren die Nacht
Keine Antworten findend

Es ist dunkel hier
Und die Hilflosigkeit jedes Einzelnen
Lässt mich frieren
In einer Menschenmenge
Die so viel mehr als nur Wärme bräuchte

Es ist dunkel hier
Und ich wünschte, der Regen würde aufhören
Und meine Tränen auch
Die Qualen meiner Selbst
Zur Unerträglichkeit verstärkend

Es ist dunkel hier
Als deine Hand mich streift
Und ich mehr als nur hilflos in deine Arme sinke
Mich aus der Lethargie dieses Augenblickes
In den Regen der Nacht zurückreißend

Es ist noch immer dunkel hier
Als wir diesen Ort verlassen
Stumm
Schweigend
Doch wieder Leben atmend

Face downward

Du kehrst zurück
Der Ort deiner Liebe
Liegt verstaubt vor deiner Berührung
Zwischen den Zeiten
Fühlst du dich hilflos
In einer von Angst erfüllten Erinnerung

Die Kerzen deiner Sehnsucht
Sind erloschen
Verblasste Gefühle
Schwerfällige Schritte
Durch eine Vergangenheit
Die auf deiner Seele brennt

Abgelegte Träume
Erwachen in dieser Nacht
Die Macht der Leidenschaft
Zieht ihre Kreise auf deiner Haut
Zügellose Phantasien
Entfliehen mit dir ins Traumland

Zwietracht reflektiert der anbrechende Morgen
Eine Dämmerung
Maskierte Reinheit
Sie lässt dich fallen
In einen Nebel
Der dein Herz mit Trauer umhüllt

Gesprochene Worte
In die Leere
Zersplittern die Stille
Verhallen ohne Anerkennung
Und lassen Tränen fallen
Bevor sich alles in eine Illusion auflöst

Neben mir

Ich stehe so weit neben mir
Dass ich mich nicht mehr fühlen kann
Nichts mehr fühlen kann
Außer Schmerz
Der sich durch mich brennt
Seit du dort
Und der Rest von mir an diesem Ort ist
Und kein einziger klarer Gedanke ist hier
Bei mir

Nichts von alledem macht Sinn
Wenn sich die Angst vor dem Morgen
Wie ein Herbststurm auf das Heute wirft
Alles mit sich nimmt
An einen Ort
Fern meiner Vorstellungskraft
Und nichts mehr bleibt
Bis auf allgegenwärtige Unsicherheit
Und dieser endlosen Sehnsucht nach dir
Die sich meiner längst bemächtigt hat
Ungefragt
Und unvergänglich